AF360034

Fabre. 12

LE

RÉGULATEUR
DES COMPTES COURANS,

OU

TABLEAU GÉNÉRAL DE COMPTABILITÉ, DE COMMERCE, DE FINANCE ET DE BANQUE,

ET DE CELLE DE TOUTES LES ADMINISTRATIONS PUBLIQUES, CIVILES ET MILITAIRES,

AU MOYEN DUQUEL ON OBTIENT (PAR UNE SEULE OPÉRATION DANS PLUSIEURS CAS, PRESQUE AUSSI VITE QUE LA PENSÉE, SANS CRAINDRE DE FAIRE DES ERREURS, SANS MULTIPLIER LE CAPITAL PAR LE NOMBRE DE JOURS) ET SANS FAIRE NI RÈGLE DE PROPORTION NI DE DIVISION.

1.° L'intérêt ou l'escompte en dedans ou en dehors d'une somme quelconque, à tous les taux imaginables, pour le nombre de jours, mois ou années qu'on le désire ;

2.° Les capitaux, rentes, pensions, revenus, jouissances, traitemens et remises, aussi pour le temps qu'on veut ;

3.° L'intérêt de la balance des comptes courans, pour l'année de 365 et pour celle de 366, et dans cette proportion pour les fractions d'année, tant pour les capitaux, revenus, etc., que pour les intérêts et l'escompte ;

CONTENANT,

4.° La réduction de la valeur des monnaies étrangères en monnaies de France ;

5.° La réduction des anciens poids en kilogrammes, et réciproquement celles des aunes et toises en mètres, et le moyen de réduire le prix dans la même proportion ;

6.° Une table de multiplications faites pour connaître le prix d'une ou de plusieurs choses, depuis un centime ou un franc … l'infini ;

… ipes généraux pour calculer toutes sortes de quan… proportion du temps, pour une seule opération ;

… e de calculer les inscriptions de rente 3 ou 5 p. % …, quel qu'en soit le cours, par une seule opération ;

9 … de pour calculer le change de Paris avec les autres places, et réciproquement aussi par une seule opération.

LE
RÉGULATEUR

DES

COMPTES COURANS,

OU

TABLEAU GÉNÉRAL DE COMPTABILITÉ, DE FINANCES, DE COMMERCE ET DE BANQUE, ET DE CELLE DE TOUTES LES ADMINISTRATIONS PUBLIQUES, CIVILES ET MILITAIRES,

OUVRAGE UTILE A TOUS, DANS TOUS LES TEMPS ET DANS TOUS LES PAYS, PRINCIPALEMENT AU COMMERCE, A TOUS LES FONCTIONNAIRES PUBLICS, ET A TOUS LES GENS ET AGENS D'AFFAIRES INDISTINCTEMENT, MÊME A TOUS LES PARTICULIERS.

Omnes expetimus utilitatem ad eamque rapimur.

Par JOSEPH FABRE père, professeur et chef d'un cours public de Mathématiques appliquées à la comptabilité du commerce et à celle de toutes les administrations publiques, civiles et militaires ; et par ALEXANDRE FABRE son fils, son élève et son collaborateur.

PRIX : 2 fr. 50 c.

Se vend A TOULOUSE,

CHEZ BENICHET AÎNÉ, IMPRIMEUR, RUE DE LA POMME, N.º 22.

1826.

*Nous avons déposé cinq exemplaires de cet
ouvrage à la Préfecture de Toulouse, conformé-
ment à la loi sur les contrefaçons; nous déclarons
contrefaits tous les exemplaires qui ne seront pas
signés à la main par le sieur Fabre père et frappés
de son cachet à timbre sec, ayant pour légende :*
Cours de Comptabilité, *et au milieu,* Instruction
publique-Mathématiques; *nous assurons à celui qui
nous fera connaître le contrefacteur, distributeur
ou débitant d'éditions contrefaites, la moitié du
dédommagement que la loi accorde.*

APPROBATIONS.

Messieurs les membres de la Chambre de Commerce de Toulouse qui ont vu et éprouvé chacun séparément l'ouvrage composé par le sieur Fabre, intitulé *le Régulateur des Comptes Courans*, etc. l'approuvent et en recommandent l'usage comme étant d'une utilité générale, tant pour l'exactitude que pour la rapidité des calculs de toutes les opérations de Finance, de Commerce et de Banque. A Toulouse, le 24 août 1826. Sont signés au manuscrit, Messieurs, DUPAU, *président* ; BOSCUS , FROMENT , RESSEGUIER, Jh. CASSAING, BAUDENS, PLOHAIS, CHAPTIVE , Fs. COUDERC , DUCHAN , BOUTAN , ST.-RAYMOND , CARAYON et GARRIGOU.

Vu, éprouvé et approuvé comme étant d'une utilité générale , tant pour la comptabilité du Commerce que pour celle de toutes les Administrations publiques , civiles et militaires. A Toulouse, le 7 septembre 1826. Le préfet du Département, officier de l'ordre royal de la légion d'honneur , maître des requêtes. Comte de JUIGNÉ, *signé* au manuscrit.

Approuvant comme ci-dessus , le Maire de Toulouse, Baron de MONBEL.

Approuvant comme ci-dessus , le Directeur des Domaines du Roi, chevalier de l'ordre royal de la Légion d'Honneur, TRICOU, *signé*.

INTRODUCTION.

Les personnes qui appliquent les sciences mathématiques à la physique, à la géographie, à la navigation, à l'astronomie, etc. ont composé des tables ingénieuses pour abréger les immenses calculs de leurs opérations, telles que les tables de logarithmes et une infinité d'autres.

Un instant de réflexion suffit à l'homme éclairé pour voir que toutes les sciences n'ont été créées et perfectionnées qu'en faveur du commerce des nations, et pour en augmenter et en faciliter les ressorts et l'étendue, qu'en résultat tout se fait pour et par le commerce, et que c'est avec raison qu'il occupe le premier rang chez tous les peuples civilisés, principalement chez les anglais qui lui sacrifient tout.

Cependant cette première branche de la prospérité d'un état et du bonheur des peuples, cette administration générale et particulière qui s'exerce d'elle-même sur toutes les productions du globe, des arts et de l'industrie, et qui vivifie tout par la constante activité de son action, est encore privée de posséder des tables qui, en abrégeant le calcul de ses opérations, lui économisent un temps précieux, et lui évitent des erreurs quelquefois aussi fréquentes qu'irréparables.

Jusqu'à présent nous ne connaissons qu'une immense quantité de calculs faits, contenus dans d'énormes volumes de chiffres, de ce nombre sont :

Les 360 tableaux du pro rata d'intérêts à 5 p. %.

Les 373 tables de comptes courans à 6 p. %.

Les 440 colonnes de l'abréviateur, calculées à 6 p.% et

les 297 tables d'intérêts du régulateur universel , imprimées à Paris en 1802, 1809, 1820 et 1821.

Ces 1470 tables, espèce de barême ou de comptes-faits, à l'aide et par l'avantageux mécanisme de la numération décimale, ne donnent l'intérêt calculé que pour des sommes n'ayant qu'un seul chiffre significatif , précédé ou suivi d'un ou de plusieurs zéros, depuis 0,01 centime jusqu'à 90,000 f., où elles s'arrêtent nécessairement par l'inévitable résultat du système de la numération décimale qui les a formées. Nulle production du génie qui mérite le titre d'invention, n'a encore paru sur cette partie intéressante et utile.

Cette formation oblige celui qui se sert de ces tables à ramasser les intérêts calculés pour chacun des chiffres significatifs de la somme sur laquelle il opère, et d'additionner ensuite tous ces divers intérêts pour obtenir l'intérêt total , ce qui exige une recherche attentive, une perte de temps et une contention d'esprit qui , joint à la crainte de rencontrer des erreurs ou de fautes d'impression dans ces nombreuses tables, et à ce qu'elles ne sont point portatives, en a fait abandonner l'usage, pour s'en tenir à la méthode usitée, en multipliant le capital par le nombre des jours et en prenant la 6000.ᵉ partie du produit, etc.

Nous avons évité tous ces désagrémens (même la multiplication du capital par le nombre des jours et la division par 6000) au commerce , et aux personnes qui sont obligées par état ou par leurs fonctions de faire ou de vérifier des opérations de comptabilité , de finances, d'escompte, de comptes courans et d'intérêt.

Notre satisfaction sera complette si l'ouvrage que nous leur offrons aujourd'hui en est favorablement accueilli, et si nous avons atteint le degré de simplicité et d'utilité générale que nous nous sommes proposés ; on en jugera

par les exemples d'application que nous donnons et par
les épreuves qu'on pourra faire de nos méthodes.

PLAN DE L'OUVRAGE.

Nous avons remarqué que le principal mérite de tout
ouvrage, ayant pour objet le calcul des quantités, con-
siste à trouver les résultats en n'employant que le moins
de chiffres possible sans rien perdre de leur rigoureuse
exactitude.

Pénétré de ce principe, nous avons cherché à simpli-
fier encore en les conservant, les méthodes usitées dans
le commerce, dans la partie des finances et de la banque, et à donner de nouveaux procédés plus simples encore, qui conduisent à obtenir, par une seule opération,
l'intérêt et l'escompte à tous les taux imaginables, depuis
la plus petite fraction jusqu'au nombre entier le plus élevé
à volonté, et dans la proportion du temps quel qu'il soit.

Après de nombreuses combinaisons, ayant donné à nos
équations des valeurs numériques déterminées, nous avons
ramené nos résultats à des facteurs généraux qui, multipliés par un capital quelconque, donnent toujours pour
produit les parties de ce même capital, revenu, rentes,
pensions, jouissance, traitemens, escompte et intérêts à
tous les taux, dans la proportion du temps et par une seule
multiplication.

Ces facteurs ne sont composés que d'un petit nombre
de chiffres, ce qui réduit les calculs de toutes les opérations de finance, de commerce et de banque à leur plus
simple expression, et à n'être plus qu'un jeu plus amusant que pénible et aussi utile qu'agréable, mis à la portée
de toutes les personnes qui savent faire une très-courte
multiplication.

En conséquence , nous avons composé le *Tableau général de comptabilité*, que nous publions aujourd'hui , dont
l'application à toutes les quantités est indéfinie et n'a point
de bornes , opérant indifféremment et avec la même pré-
cision sur les capitaux , les revenus , l'intérêt et l'escompte,
quel que soit le temps pour lequel on veut les obtenir.

A la suite de ce tableau sont les exemples d'application ,
contenant de principes ou formules générales qui conduisent à obtenir une infinité de résultats, sans se servir du
tableau , avec une simplicité aussi étonnante que rapide et
facile dans son exécution , et qui paraît si naturelle, qu'on
demeure surpris et étonné de ne pas l'avoir aperçue plu-
tôt sans le secours de personne.

EXPLICATION DU TABLEAU.

1.º Les douze colonnes intitulées *Jours* , portant les n.ᵒˢ
impairs , contiennent le nombre de jours pour lesquels
on veut obtenir l'intérêt, l'escompte en dehors à 6 p %
par an , (1/2 p. % par mois) ou les parties d'un capital
quelconque dans la proportion du temps.

2.º Les douze colonnes intitulées *Facteurs*, portant les
n.ᵒˢ pair jusqu'à 24 , contiennent les nombres entiers ou
fractionnaires par lesquels il faut multiplier un capital
quelconque pour obtenir son intérêt ou son escompte en
dehors à 6 p. %, ou une partie de ce même capital ou
d'un revenu quelconque pour le nombre de jours correspondant à ces facteurs.

3.º La partie du tableau intitulé *Escompte vrai ou en
dedans*, portant le n.º 25, contient les facteurs par lesquels il faut multiplier un capital quelconque pour obtenir son escompte vrai pour le nombre de mois, correspondant au facteur qui se trouve dans la même colonne

verticale, à 3 et à 6 p. % par an seulement, comme le plus usité.

4.º La partie du tableau portant le n.º 26 , intitulé *Facteurs généraux pour réduire tout intérêt* , etc. contient deux facteurs généraux qui, multipliés par un intérêt quelconque, réduisent cet intérêt obtenu pour une fraction d'années de 360 jours, à celui de la même fraction d'années de 365 jours, ou à celle de 366 jours année bissextile.

Les exemples qui sont à la suite du tableau font connaître plus particulièrement la manière d'en faire l'application à tous les cas et à toutes les quantités.

ÉRAL

De Compt[...]
Duquel [...] ministrations publiques, civiles et militaires, au moyen
[...] dedans, à tous les taux imaginables, les capitaux,
revenus [...]

| 1 | 2 | 16 | 17 | 18 | 19 | 20 | 21 | 22 | 23 | 24 |
Jours.	FACTEURS.	FACTEURS.	Jours.	FACTEURS.	Jours.	FACTEURS.	Jours.	FACTEURS.	Jours.	FACTEURS.
1		35 1/6	241	40 1/6	271	45 1/6	301	50 1/6	331	55 1/6
2		35 1/3	242	40 1/3	272	45 1/3	302	50 1/3	332	55 1/3
3		35 1/2	243	40 1/2	273	45 1/2	303	50 1/2	333	55 1/2
4		35 2/3	244	40 2/3	274	45 2/3	304	50 2/3	334	55 2/3
5	1/2 1/3	35 1/2 1/3	245	40 1/2 1/3	275	45 1/2 1/3	305	50 1/2 1/3	335	55 1/2 1/3
6	1	36	246	41	276	46	306	51	336	56
7	1 1/6	36 1/6	247	41 1/6	277	46 1/6	307	51 1/6	337	56 1/6
8	1 1/3	36 1/3	248	41 1/3	278	46 1/3	308	51 1/3	338	56 1/3
9	1 1/2	36 1/2	249	41 1/2	279	46 1/2	309	51 1/2	339	56 1/2
10	1 2/3	36 2/3	250	41 2/3	280	46 2/3	310	51 2/3	340	56 2/3
11	1 1/2 1/3	36 1/2 1/3	251	41 1/2 1/3	281	46 1/2 1/3	311	51 1/2 1/3	341	56 1/2 1/3
12	2	37	252	42	282	47	312	52	342	57
13	2 1/6	37 1/6	253	42 1/6	283	47 1/6	313	52 1/6	343	57 1/6
14	2 1/3	37 1/3	254	42 1/3	284	47 1/3	314	52 1/3	344	57 1/3
15	2 1/2	37 1/2	255	42 1/2	285	47 1/2	315	52 1/2	345	57 1/2
16	2 2/3	37 2/3	256	42 2/3	286	47 2/3	316	52 2/3	346	57 2/3
17	2 1/2 1/3	37 1/2 1/3	257	42 1/2 1/3	287	47 1/2 1/3	317	52 1/2 1/3	347	57 1/2 1/3
18	3	38	258	43	288	48	318	53	348	58
19	3 1/6	38 1/6	259	43 1/6	289	48 1/6	319	53 1/6	349	58 1/6
20	3 1/3	38 1/3	260	43 1/3	290	48 1/3	320	53 1/3	350	58 1/3
21	3 1/2	38 1/2	261	43 1/2	291	48 1/2	321	53 1/2	351	58 1/2
22	3 2/3	38 2/3	262	43 2/3	292	48 2/3	322	53 2/3	352	58 2/3
23	3 1/2 1/3	38 1/2 1/3	263	43 1/2 1/3	293	48 1/2 1/3	323	53 1/2 1/3	353	58 1/2 1/3
24	4	39	264	44	294	49	324	54	354	59
25	4 1/6	39 1/6	265	44 1/6	295	49 1/6	325	54 1/6	355	59 1/6
26	4 1/3	39 1/3	266	44 1/3	296	49 1/3	326	54 1/3	356	59 1/3
27	4 1/2	39 1/2	267	44 1/2	297	49 1/2	327	54 1/2	357	59 1/2
28	4 2/3	39 2/3	268	44 2/3	298	49 2/3	328	54 2/3	358	59 2/3
29	4 1/2 1/3	39 1/2 1/3	269	44 1/2 1/3	299	49 1/2 1/3	329	54 1/2 1/3	359	59 1/2 1/3
30	5	40	270	45	300	50	330	55	360	60
1 mois			9 mois		10 mois		11 mois		12 mois	

25. Esc[...]

[...] *généraux pour réduire tout intérêt, ou tout autre [...] obtenu pour l'année de 360 jours, à celui de 365 jours [...] 366 jours.*

NOMBRE de mois et de jours.	
FACTEURS à 3 p. o/o	[...] ur 365 jours est, ci 98630136
FACTEURS à 6 p. o/o	[...] ur l'année bissextile de 366 jours est, ci . . . 98360655

TABLEAU GÉNÉRAL

Comptabilité, de Finance, de Commerce et de Banque, et de celle de toutes les administrations publiques, civiles et militaires, au moyen quel on obtient par une seule multiplication, l'intérêt, l'escompte en dehors et en dedans, à tous les taux imaginables, les capitaux, revenus, rentes, pensions et traitements dans la proportion du temps.

FACTEURS. (2)	Jours. (3)	FACTEURS. (4)	Jours. (5)	FACTEURS. (6)	Jours. (7)	FACTEURS. (8)	Jours. (9)	FACTEURS. (10)	Jours. (11)	FACTEURS. (12)
1/6	31	5 1/6	61	10 1/6	91	15 1/6	121	20 1/6	151	25 1/6
1/3	32	5 1/3	62	10 1/3	92	15 1/3	122	20 1/3	152	25 1/3
1/2	33	5 1/2	63	10 1/2	93	15 1/2	123	20 1/2	153	25 1/2
2/3	34	5 2/3	64	10 2/3	94	15 2/3	124	20 2/3	154	25 2/3
1/2 1/3	35	5 1/2 1/3	65	10 1/2 1/3	95	15 1/2 1/3	125	20 1/2 1/3	155	25 1/2 1/3
1	36	6	66	11	96	16	126	21	156	26
1 1/6	37	6 1/6	67	11 1/6	97	16 1/6	127	21 1/6	157	26 1/6
1 1/3	38	6 1/3	68	11 1/3	98	16 1/3	128	21 1/3	158	26 1/3
1 1/2	39	6 1/2	69	11 1/2	99	16 1/2	129	21 1/2	159	26 1/2
1 2/3	40	6 2/3	70	11 2/3	100	16 2/3	130	21 2/3	160	26 2/3
1 1/2 1/3	41	6 1/2 1/3	71	11 1/2 1/3	101	16 1/2 1/3	131	21 1/2 1/3	161	26 1/2 1/3
2	42	7	72	12	102	17	132	22	162	27
2 1/6	43	7 1/6	73	12 1/6	103	17 1/6	133	22 1/6	163	27 1/6
2 1/3	44	7 1/3	74	12 1/3	104	17 1/3	134	22 1/3	164	27 1/3
2 1/2	45	7 1/2	75	12 1/2	105	17 1/2	135	22 1/2	165	27 1/2
2 2/3	46	7 2/3	76	12 2/3	106	17 2/3	136	22 2/3	166	27 2/3
2 1/2 1/3	47	7 1/2 1/3	77	12 1/2 1/3	107	17 1/2 1/3	137	22 1/2 1/3	167	27 1/2 1/3
3	48	8	78	13	108	18	138	23	168	28
3 1/6	49	8 1/6	79	13 1/6	109	18 1/6	139	23 1/6	169	28 1/6
3 1/3	50	8 1/3	80	13 1/3	110	18 1/3	140	23 1/3	170	28 1/3
3 1/2	51	8 1/2	81	13 1/2	111	18 1/2	141	23 1/2	171	28 1/2
3 2/3	52	8 2/3	82	13 2/3	112	18 2/3	142	23 2/3	172	28 2/3
3 1/2 1/3	53	8 1/2 1/3	83	13 1/2 1/3	113	18 1/2 1/3	143	23 1/2 1/3	173	28 1/2 1/3
4	54	9	84	14	114	19	144	24	174	29
4 1/6	55	9 1/6	85	14 1/6	115	19 1/6	145	24 1/6	175	29 1/6
4 1/3	56	9 1/3	86	14 1/3	116	19 1/3	146	24 1/3	176	29 1/3
4 1/2	57	9 1/2	87	14 1/2	117	19 1/2	147	24 1/2	177	29 1/2
4 2/3	58	9 2/3	88	14 2/3	118	19 2/3	148	24 2/3	178	29 2/3
4 1/2 1/3	59	9 1/2 1/3	89	14 1/2 1/3	119	19 1/2 1/3	149	24 1/2 1/3	179	29 1/2 1/3
5	60	10	90	15	120	20	150	25	180	30
1 mois		2 mois		3 mois		4 mois		5 mois		6 mois

Jours. (13)	FACTEURS. (14)	Jours. (15)	FACTEURS. (16)	Jours. (17)	FACTEURS. (18)	Jours. (19)	FACTEURS. (20)	Jours. (21)	FACTEURS. (22)	Jours. (23)	FACTEURS. (24)
181	30 1/6	211	35 1/6	241	40 1/6	271	45 1/6	301	50 1/6	331	55 1/6
182	30 1/3	212	35 1/3	242	40 1/3	272	45 1/3	302	50 1/3	332	55 1/3
183	30 1/2	213	35 1/2	243	40 1/2	273	45 1/2	303	50 1/2	333	55 1/2
184	30 2/3	214	35 2/3	244	40 2/3	274	45 2/3	304	50 2/3	334	55 2/3
185	30 1/2 1/3	215	35 1/2 1/3	245	40 1/2 1/3	275	45 1/2 1/3	305	50 1/2 1/3	335	55 1/2 1/3
186	31	216	36	246	41	276	46	306	51	336	56
187	31 1/6	217	36 1/6	247	41 1/6	277	46 1/6	307	51 1/6	337	56 1/6
188	31 1/3	218	36 1/3	248	41 1/3	278	46 1/3	308	51 1/3	338	56 1/3
189	31 1/2	219	36 1/2	249	41 1/2	279	46 1/2	309	51 1/2	339	56 1/2
190	31 2/3	220	36 2/3	250	41 2/3	280	46 2/3	310	51 2/3	340	56 2/3
191	31 1/2 1/3	221	36 1/2 1/3	251	41 1/2 1/3	281	46 1/2 1/3	311	51 1/2 1/3	341	56 1/2 1/3
192	32	222	37	252	42	282	47	312	52	342	57
193	32 1/6	223	37 1/6	253	42 1/6	283	47 1/6	313	52 1/6	343	57 1/6
194	32 1/3	224	37 1/3	254	42 1/3	284	47 1/3	314	52 1/3	344	57 1/3
195	32 1/2	225	37 1/2	255	42 1/2	285	47 1/2	315	52 1/2	345	57 1/2
196	32 2/3	226	37 2/3	256	42 2/3	286	47 2/3	316	52 2/3	346	57 2/3
197	32 1/2 1/3	227	37 1/2 1/3	257	42 1/2 1/3	287	47 1/2 1/3	317	52 1/2 1/3	347	57 1/2 1/3
198	33	228	38	258	43	288	48	318	53	348	58
199	33 1/6	229	38 1/6	259	43 1/6	289	48 1/6	319	53 1/6	349	58 1/6
200	33 1/3	230	38 1/3	260	43 1/3	290	48 1/3	320	53 1/3	350	58 1/3
201	33 1/2	231	38 1/2	261	43 1/2	291	48 1/2	321	53 1/2	351	58 1/2
202	33 2/3	232	38 2/3	262	43 2/3	292	48 2/3	322	53 2/3	352	58 2/3
203	33 1/2 1/3	233	38 1/2 1/3	263	43 1/2 1/3	293	48 1/2 1/3	323	53 1/2 1/3	353	58 1/2 1/3
204	34	234	39	264	44	294	49	324	54	354	59
205	34 1/6	235	39 1/6	265	44 1/6	295	49 1/6	325	54 1/6	355	59 1/6
206	34 1/3	236	39 1/3	266	44 1/3	296	49 1/3	326	54 1/3	356	59 1/3
207	34 1/2	237	39 1/2	267	44 1/2	297	49 1/2	327	54 1/2	357	59 1/2
208	34 2/3	238	39 2/3	268	44 2/3	298	49 2/3	328	54 2/3	358	59 2/3
209	34 1/2 1/3	239	39 1/2 1/3	269	44 1/2 1/3	299	49 1/2 1/3	329	54 1/2 1/3	359	59 1/2 1/3
210	35	240	40	270	45	300	50	330	55	360	60
	7 mois		8 mois		9 mois		10 mois		11 mois		12 mois

25. *ESCOMPTE vrai ou en dedans mois par mois pour 12 mois.*

Nombre de mois et de jours.	1 mois 30 j.	2 mois 60 j.	3 mois 90 j.	4 mois 120 j.	5 mois 150 j.	6 mois 180 j.	7 mois 210 j.	8 mois 240 j.	9 mois 270 j.	10 mois 300 j.	11 mois 330 j.	12 mois 360 j.
FACTEURS à 3 p. %	2487	4950	7385	9800	1219	1456	1690	1923	2153	2380	2606	2830
FACTEURS à 6 p. %	4975	9900	1477	1960	2439	2912	3381	3846	4306	4761	5213	5660

26. *FACTEURS généraux pour réduire tout intérêt, ou tout autre résultat déjà obtenu pour l'année de 360 jours, à celui de 365 jours et à celui de 366 jours.*

Le Facteur pour 365 jours est, ci 9863o136

Le Facteur pour l'année bissextile de 366 jours est, ci . . . 9836o655

CHAPITRE PREMIER.

Du calcul de l'intérêt et de l'escompte en dehors dans la proportion du temps, à 6 p. % ou 1/2 p. % par mois.

PRINCIPE.

On obtient cet intérêt ou cet escompte pour le nombre de jours qu'on veut, en multipliant le capital, quel qu'il soit, par le facteur du tableau correspondant au nombre de jours pour lesquels on veut l'obtenir ; et en retranchant du produit les trois derniers chiffres à droite, qui sont des décimales, ceux à gauche sont des francs.

Si le capital contient des décimales, c'est-à-dire des dixièmes et de centièmes, etc., on retranchera de plus dans le produit autant de chiffres qu'il y aura de décimales au capital ; 5 chiffres s'il y a deux décimales, 6 chiffres s'il y en a 3, etc. comme on le voit dans les exemples suivans :

Exemple premier.

Pour obtenir l'intérêt ou l'escompte en dehors de 3459 fr. à 6 p. % pour 44 jours, ci. .   3459

Multipliez ce capital par, ci. 7 1/3

facteurs correspondant à 44 jours, 4.ᵉ   24213

colonne, 14.ᵉ ligne du tableau.   1153

Retranchez trois chiffres à la droite   25,366

du produit, et vous aurez 25 fr. 366.ᵐᵉˢ de fr., ou

25 fr. 37 centimes, en augmentant le second chiffre décimal d'une unité, parce que le 3.ᵉ dépasse cinq.

Exemple second.

Pour obtenir ce même intérêt sur un capital contenant des décimales, soit ce capital, . 4756 f. 34.ᵉ dont on veut obtenir l'intérêt pour 234 jours, multipliez par le facteur, ci. . . 39

correspondant à 234 jours, 16.ᵉ colonne, 4280706
24.ᵉ ligne du tableau , retranchez cinq 1426902

chiffres à la droite du produit, parce 185,49726 que le capital contient deux décimales, et vous aurez 185 francs 50 centimes en augmentant le second chiffre décimal d'une unité, parce que le 3.ᵉ dépasse 5.

PRINCIPE.

Lorsque le nombre de jours est moindre que six, il suffit de prendre sur le capital les parties indiquées par le facteur fractionnaire correspondant au nombre de jours.

Exemple troisième.

Ainsi l'intérêt ou l'escompte à 6 p. % pour 5 jours de ci . . . . 7524 f.

sera { la moitié du capital, ci 3,762
{ le tiers du capital, ci 2,508

6,270

additionnez et retranchez les trois derniers chiffres
à droite de la somme, vous aurez 6 f. 27 centimes.

PRINCIPE.

Donc le facteur de 6 jours étant l'unité, on obtiendra toujours l'intérêt ou l'escompte en dehors d'une
somme quelconque pour 6 jours à 6 p. % ou 1/2
p. % par mois en retranchant les trois derniers chiffres à droite, ces trois chiffres seront des décimales,
et ceux à gauche seront des francs.

Exemple quatrième.

Ainsi l'intérêt ou l'escompte en dehors à 6 p. %
de 4863 f., sera, ci. . 4 f. 863 millièmes de franc.

Nous faisons remarquer que c'est sur ce principe
que repose la méthode usitée dans le commerce. On
obtient toujours l'intérêt d'un capital quelconque, en
le multipliant par le temps, et en divisant le sixième
du produit par mille, ce qui s'effectue en retranchant
les trois derniers chiffres à droite qui deviennent des
décimales.

Nous avons remarqué que, dans le commerce, le
plus grand nombre de négocians qui se servent de
cette méthode n'en connaissent pas la raison ; nous
avons l'honneur de leur observer, qu'en multipliant
le capital par le nombre de jours, c'est réduire ce
capital à un même temps, et c'est précisément ce qu'on
fait en établissant ce qu'on appelle les nombres dans
le crédit et le débit des comptes courans ; on réduit

toutes les sommes à un seul jour. Car si l'on prête un capital de 1000 f. pour 65 jours et qu'on le multiplie par 65 jours, il est évident que c'est comme si l'on prêtait 65000 francs pour un jour.

Donc les nombres d'un compte courant ne sont autre chose que les capitaux réduits à un même temps, dont on prend l'intérêt pour un seul jour, après les avoir rendus autant de fois plus grands que le nombre de jours contient d'unités.

CHAPITRE II.

Du calcul des capitaux, revenus, rentes, pensions, traitemens, appointemens et remises, et de celui de l'intérêt et de l'escompte en dehors, dans la proportion du temps à tous les taux imaginables, depuis la plus petite fraction jusqu'au nombre entier ou fractionnaire le plus élevé.

MÉTHODE pour les obtenir par une seule opération au moyen des facteurs du tableau général de comptabilité, qui donnent aussi le capital dans la proportion du temps.

PRINCIPE.

Pour obtenir le capital dans la proportion du temps, il faut en prendre le sixième reculé d'un chiffre à droite (ou la 60.ᵉ partie), et multiplier ce sixième par le facteur correspondant au nombre des jours pour lesquels on veut l'obtenir.

S'il y a de décimales au capital, on retranchera de plus dans le produit autant de chiffres qu'il y aura de décimales au capital.

Exemple premier.

Soit un capital de 8280 fr. dont on veut obtenir la partie proportionelle à 315 jours, ci. 8280

Prenez le 6.ᵉ de ce capital reculé d'un chiffre à droite, qui est, ci. 138

Multipliez ce sixième par le facteur 52 1/2

correspondant à 315 jours, 22.ᵉ colonne 276
15.ᵉ ligne du tableau, et vous aurez 690
7245 fr. pour la partie proportionnelle, 69

à 315 jours sur un capital de 8280 fr. 7245

Ce principe est général et s'applique à toutes les quantités; il sert à calculer les revenus, rentes, pensions, traitemens, appointemens et remises, ainsi que les intérêts à tous les taux, aussi dans la proportion du temps, comme on va le voir :

INTÉRÊTS A TOUS LES TAUX.

PRINCIPE.

Ayant obtenu le capital dans la proportion de 315 jours qui est ci. , ... 7245 f.

On obtiendra l'intérêt à tous les taux imaginables (de l'entier capital 8280 fr. pour le même temps 315 jours) , en multipliant ce résultat 7245 fr. par le taux de l'intérêt quel qu'il soit.

Exemple second.

A 1/7 p. % par an on aura , ci. . . . . 10 f. 35 c.
A 2 1/3 p. % par an on aura , ci. . . 169,05
A 3 1/5 p. % par an on aura , ci. . . 231,84
A 5 p. % par an on aura , ci. 362,25
A 6 p. % par an on aura , ci. 434,70
A 3 p. % par an on aura , ci. 217,35
A 4 3/4 p. % par an on aura , ci. . . 344 fr. 14 c.

Il est aisé de voir combien ce procédé général est facile , exact et infini. On obtient le résultat qu'on veut sans contention d'esprit et sans fatiguer son imagination ; il suffit de savoir prendre le sixième d'une somme , et faire une très-courte multiplication pour pouvoir opérer aussi long-temps qu'on veut sans se fatiguer.

C'est comme nous l'avons observé, un jeu plus amusant que pénible et aussi utile qu'agréable, on obtient presqu'en même-temps une infinité de résultats différens.

Exemple troisième.

Si l'on veut obtenir la partie proportionnelle d'une rente, pension, traitement ou remise, etc. pour 228 jours

Soit cette rente, pension ou revenu, etc. 2100 fr. par an, prenez-en le 6.e reculé d'un chiffre à droite qui est, ci . . . . 35 fr.

Multipliez ce sixième par le facteur, ci .   58

Correspondant à 228 jours, 16e colonne   280
18.e ligne du tableau,   105

vous aurez, ci . . . . 1330 fr.
pour la partie proportionnelle à 228 jours de cette rente, pension ou revenu.

Ce principe est aussi général et s'applique à toutes les quantités.

CHAPITRE III.

Du calcul de l'escompte vrai appelé dans le commerce en dedans ou du véritable escompte.

Pour obtenir cet escompte dans la proportion du temps, il faut faire autant de règles de proportion qu'il y a d'époques différentes d'escomptes ; on évitera ces opérations en se servant des facteurs contenus dans le n.º 25 de notre tableau.

PRINCIPE.

Pour obtenir l'escompte en dedans d'un capital quelconque pour le nombre de mois qu'on veut, il faut multiplier ce capital par le facteur correspondant à ce nombre de mois dans la 25.ᵉ partie du tableau.

Exemple.

On veut escompter en dedans un effet ou une facture de 2000 fr. pour 9 mois à 6 p. %, on prend le facteur 4306 correspondant à 9 mois, 9.ᵉ colonne de la 2.ᵉ ligne du tableau, 25.ᵉ partie, ci.   4,306
et on le multiplie par le montant de l'effet
ou de la facture, ci.   2000
____
86,12000

On retranche 5 chiffres à droite du produit, et l'on a pour l'escompte vrai ou l'intérêt en dedans de 2000 fr. pour 9 mois, 86 fr. 12 centimes.

Si l'on retranche de cette somme de . 2000 fr.
les 86 fr. 12. ci. . . . .   86,12 c.
il restera à payer par le débiteur au
créancier, le capital de   1913,88
____
et si l'on ajoute à ce capital son intérêt à
6 p. % pour 9 mois qui est.   86,12
____
on reviendra à, ci.   2000,00
ce qui prouve l'exactitude de l'opération.

On voit que ces facteurs servent à obtenir le capital et l'intérêt ou l'escompte en dedans en même-temps.

Nous observons que pour obtenir l'escompte en
dedans

dedans sans avoir égard au temps, à 6 p̣. %, il faut toujours multiplier le montant de l'effet ou de la facture par le dernier facteur qui est. . . . 5660 et pour l'obtenir à 3 p. % par le dernier facteur, de 3 p. % qui est 2830

CHAPITRE IV.

Du calcul de l'intérêt des comptes courans pour les fractions d'année, réduit dans la proportion de l'année réelle de 365 jours et de l'année bissextile de 366 jours.

———

PRINCIPE.

Après avoir pris l'intérêt de la balance d'un compte courant au taux convenu, soit que ce compte ait été tenu en nombres ou en intérêts liquidés article par aticle,

On réduira cet intérêt dans la proportion de l'année réelle de 365 jours en le multipliant par le facteur général donné dans la 26.ᵉ partie de notre tableau, qui est 98630136 et en n'employant que les quatre premiers chiffres de ce facteur;

Et dans la proportion de l'année bissextile de 366 jours, en le multipliant par le facteur général 98360655, n'employant aussi que les quatre premiers chiffres.

On retranchera à la droite du produit autant de décimales qu'il y aura de chiffres du facteur, plus deux, si l'intérêt contient des centièmes, et l'on aura le résultat à un degré d'exactitude suffisant; il sera plus rigoureux si l'on emploie un plus grand nombre de chiffres du facteur qu'il faudra toujours retrancher.

Exemple.

Soit la balance en nombres d'un compte courant, 1,014,000 fr., dont l'intérêt pour 1 jour est 169 fr. à 6 p. %

Multipliez le facteur ci 9863
par l'intérêt de la balance . . . . 169 fr.
_____

Retranchez les quatre derniers chiffres   88767
à droite du produit, et vous aurez 166 fr.   59178
68 c. pour l'intérêt de cette balance, dans   9863
_____

la proportion de l'année réelle de   166,6847
365 jours à 6 p. % au lieu de 169 fr.

Si l'année était bissextile, il faudrait multiplier
l'intérêt par le facteur 9856
intérêt, ci 169
_____

   88524
Retrancher également quatre chiffres, et   59016
l'on aurait 166 fr. 25 cent. au lieu de   9856
_____

166 fr. 68 cent. ci 166,2284

Nous observons que ces deux facteurs réduisent toute sorte de résultats dans la même proportion, à quelques quantités qu'on les applique.

Donc, si au lieu d'opérer sur l'intérêt on voulait opérer sur la balance des nombres, il suffirait de la multiplier par les mêmes facteurs et d'en prendre ensuite l'intérêt au taux convenu, qui se trouverait tout réduit dans les proportions ci-dessus.

CHAPITRE V.

Réduction de la valeur des monnaies étrangères d'or et d'argent en monnaies de France.

ÉTATS-UNIS.

Valeur de France.

Or.	Dollard double aigle.	55f.21
Argent.	Dollar de 100 cents.	5,42

ANGLETERRE.

Or.	Guinée de 21 shillings	26,47
	Souverain de 20 shillings de 1818	25,21
Argent.	Couronne ancienne de 5 shillings.	6,18
	Couronne nouvelle de 5 shillings de 1818	5,81

AUTRICHE, ALLEMAGNE et FRANCFORT-SUR-LE-MEIN.

Or.	Ducat d'empire.	11,86
Argent.	Reichtaler.	5,19

BAVIÈRE.

Or.	Ducat species.	11,86
Argent.	Reichtaler species.	5,66

ESPAGNE.

Or.	Quadruple.	83,93
Argent.	Piastre de 20 réaux.	5,66

GÊNES.

Or.	Quadruple ou génovine	79,77
	Sequin.	12,01
Argent.	Ecu de banque (S^t. J. B^{te}.).	4,17

GENÈVE.

		Valeur de France.
Or.	Pistole.	17 F. 14
Argent.	Ecu patagon.	5,17

HAMBOURG.

Or.	Ducat	11,86
Argent	Ecu de banque.	5,78

HOLLANDE.

Or.	Ducat d'or.	11,93
	Rider d'or.	31,65
Argent	Risdale.	5,48
	Florin de 20 sous communs.	2,16

HANOVRE.

Or.	Ducat de 1792.	11,86
	Florin de 1752.	8,78
Argent	Rixdale de constitution.	5,78

MILAN.

Or.	Sequin	12,04
Argent	Pièce de Philippe III	6,74

NAPLES et SICILE.

Or.	Once d'or de 1818	12,99
Argent	Ducat de 10 carlins	4,26

POLOGNE.

Or.	Ducat de 18 florins zlote	11,86
Argent	Thaler de 1795.	3,69

PORTUGAL.

Or.	Portugaise	45,27
Argent	Creutzade neuve.	2,94

PRUSSE.

Or.	Ducat.	11,77
	Frédéric	20,80
Argent	Thalers.	3,72

ROME et POLOGNE.

Valeur de France

Or. { Sequin de Clément XIV, ... 11 f. 80.
{ Pistole de Pie VI et Pie VII. 17,27
Argent Ecu de 10 Paoli de Pie VI et Pie VII. 5,39

RUSSIE.

Or. { Ducat de 1755 11,79
{ Ducat de 1763. 11,59
{ Impériale de 10 roubles de 1763. 41,29
Argent Rouble de 1763 4,00

SAVOIE et PIÉMONT.

Or. Pistole neuve de 1816. 20,00
Argent Ecu neuf de 5 livres de 1816 5,00

SAXE.

Or. { Ducat d'or. 11,85
{ Doubles auguste. 41,49
Argent Ecu de convention. 5,19

SUÈDE, STOCKHOLM.

Or. Ducat 11,70
Argent Rixdales species. 5,76

SUISSE, BASLE et ZURICH.

Or. { Ducat de Basle. 11,64
{ Ducat de Zurich 11,77
Argent { Ecu de Basle. 4,56
{ Ecu de Zurich 4,70

TURQUIE.

Or. Sequin sermah-boub. 7,30
Argent Piastre de 40 paras. 2,00

TOSCANE.

Or. Ruspone ou 3 sequins. 36,04
Argent Livournine. 5,61

VENISE.

Valeur de France.

Or. { Sequin . . . . 12 f. oo
     { Oselle 47,07
Argent Ducat effectif 4,18

WESPHALIE (Hesse-Cassel).

Or. Pistole à l'étoile. 20,82
Argent Reichsthaler ou écus de convention 5,19

WURTEMBERG.

Or. { Ducat. 11,86
     { Carolin d'or ou triple florin 25,88
Argent Reichstaler. 5,19

Exemple d'application.

Pour réduire 150 ducats d'Hanovre en francs de
France, il suffit de les multiplier par la valeur d'un
ducat en monnaie de France, qui est. . .   11,86
multipliez par 150 ducats, ci. . . r . . .   150
                                            ____
                                             59300
retranchez deux décimales, et vous aurez 1186

1779 francs de France, ci. 1779,00
Mais pour réduire la monnaie de France en ducats
d'Hanovre, il faut la diviser par la valeur d'un ducat
en franc de France.

Exemple.

Divisez, ci . . . 1779.00 f. par (1186
                 0,5930   ) 150 ducats.
vous aurez 150 ducats   00000

CHAPITRE VI.

Réduction des anciennes mesures de longueur au mètre et réciproquement, ainsi que de leur prix dans la même proportion sans faire de division ni de règle de proportion.

Réduction de l'aune au mètre et réciproquement.

L'aune vaut, ci. . . . . 1 mètre 1883859 dix millièmes de mètre.
Le mètre vaut, ci. . . . o aunes 8414775 dix millièmes d'aune.

PRINCIPE.

Pour réduire les aunes et parties d'aune en mètres, il faut les multiplier par la valeur de l'aune en mètres.

Exemple premier.

On veut réduire 4 aunes 3/4 en mètres, multipliez la valeur de l'aune en mètres, ci . 1 m. 1883859
par 4 aunes 3/4 , ci. 4,3/4

Retranchez les décimales , et 4   7535436
vous aurez 5 mètres 64 centimè-   5941929 5
tres en négligeant le 3.ᵉ chiffre,   297096475

parce qu'il est moindre que 5, ci. . 5 m. 644833025

PRINCIPE.

On veut réduire 5 mètres 64 centimètres en au-

nes, multipliez la valeur du mètre en aunes qui
est . . . . o, 8414775
par 5 mètres 64 centimètres, ci. . . .   564

Retranchez 9 décimales, et vous au-   3,3659100
rez 4 aunes 75.es en augmentant le   50,488650
second chiffre décimal d'un unité, ou 420,738875

4 aunes 3/4. 4,745933100

Réduction du prix de l'aune à celui du mètre.

PRINCIPE.

Pour réduire le prix de l'aune à celui du mètre,
il faut le multiplier par la valeur du mètre en aunes.

Exemple second.

On a acheté à 5 fr. l'aune et on veut savoir à combien revient le mètre, multipliez la valeur du mètre
en aunes 0,8414775
Par le prix de l'aune, ci.   5

retranchez 7 décimales, et vous aurez
4 f. 21 centimes, en augmentant le second chiffre décimal d'une unité 4,2073875

PRINCIPE.

Pour réduire le prix du mètre à celui de l'aune,
il faut le multiplier par la valeur de l'aune en mètres.

Exemple troisième

On a acheté à 4 fr. 21 c. le mètre, et on veut

savoir à combien revient l'aune , multipliez la valeur
de l'aune en mètres 1,1883859
par le prix du mètre. 421

Retranchez 9 décimales , et vous   11883859
reviendrez au prix de l'aune à 3 mil-   23767718
lièmes de francs près , différence qui   47535436
vient de ce qu'on a forcé le prix du

mètre de 3 millièmes de franc , ci. . . 5,003104639

Réduction de la toise au mètre et réciproquement.

La toise vaut , ci. . . 1 mètre 9490363 dix millièmes de mètre.
Le mètre vaut , ci . 0 toise 5130739 dix millièmes de toise.

PRINCIPE.

Pour réduire les toises et parties de toise en mètres , il faut les multiplier par la valeur de la toise
en mètres.

Exemple quatrième.

On veut réduire en mètres 5 toises 5 pieds 6 p.
Multipliez par, ci. . 1 m.949

9745
Pour 5 pieds 1/2 9745
Pour 6 pouces 1/3 . . . 1624
Retranchez 4 décimales ,
vous aurez 10 mètres 88

centimètres.   10,8819

Principe et exemple 5.[e]

Pour réduire 10 mètres 88 centimètres en toises ,

multipliez la valeur du mètre en toises, ci. 0,513074
par le nombre de mètres, ci   1088

Retranchez 8 décimales, et vous au-   4104592
rez 5 toises 58 centièmes de toise,   4104592
ou 5 toises 3 pieds 6 pouces,   513074

ci 5,58224512

Réduction du prix de la toise.

PRINCIPE.

Pour réduire le prix de la toise à celui du mètre,
il faut le multiplier par la valeur du mètre en toises.

Exemple sixième.

On a acheté à 6 fr. la toise et l'on veut savoir à
combien revient le mètre, multipliez la valeur du
mètre en toises qui est, ci . . . . . . 0,513073 fr.
par le prix de la toise, ci . . . .   6 fr.

retranchez les 7 décimales et vous aurez 3,0784434.
pour le prix du mètre, 3 fr. 08 centimes.

Connaissant le prix du mètre . . . . . 3 fr. 08 c.
on veut savoir à combien revient la toise, multipliez
la valeur de la toise en mètres, ci. . . .   194903
par le prix du mètre, ci.   308

Retranchez 7 décimales, et vous revien-   1559224
drez à 6 francs à 3 millièmes près, dif-   584709
férence qui vient de ce que nous avons

forcé le prix du mètre de 5 millièmes.   6,00304124

CHAPITRE VII.

RÉDUCTION des anciens poids en kilogrammes et réciproquement, et réduction du prix dans la même proportion pour toutes les villes de France.

DÉSIGNATION des VILLES.	UNITÉ de l'ancien poids	VALEUR de l'ancien poids en kilogr.	UNITÉ du kilog.	VALEUR du kilogra. en ancien poids.
Poids de marc	1	0,4895058	1	2,0428765a
Abbeville	1	0,4219540	1	2,3699263
Aix.	1	0,3981314	1	2,5118364
Amiens.	1	0,4613593	1	2,1675082
Envers	1	0,4701734	1	2,1268750
Avignon	1	0,4079215	1	2,4514518
Beaucaire.	1	0,4129032	1	2,421875
Bologne	1	0,3683531	1	2,714786
Bourg	1	0,4728137	1	2,114998
Bourges	1	0,4682939	1	2,135411
Bruges	1	0,4639	1	2,155637
Bruxelles.	1	0,4676700	1	2,1382599
Carpentras.	1	0,3999239	1	2,50048086
Courtrai	1	0,4310345	1	2,320000
Gènes, petit poids. . . .	1	0,3242468	1	3,0840702
Gènes, gros poids. . . .	1	0,3445124	1	2,9026535
Genève, petit poids. . .	1	0,4344364	1	2,30183269
Genève, gros poids. . .	1	0,5506940	1	1,8158902
Lille.	1	0.4303111	1	2,3239001
Livourne.	1	0,3445605	1	2,9022478
Barcelonne.	1	0,3263372	1	3,064315
Madrid.	1	0,4619552	1	2,1647119
Lyon.	1	0,4283176	1	2,334716
Lyon.	1	0,4589109	1	2,179072
Marseille.	1	0,4079215	1	2,451452
Mons.	1	0,4655419	1	2,1480342
Montpellier	1	0,4079215	1	2,4514518
Namur.	1	0,4665728	1	2,1432883
Neufchâtel.	1	0,5201	1	1,9227073
Rouen	1	0,50908608	1	1,96430434
Toulon.	1	0,4055500	1	2,45972205
Toulouse.	1	0,4079215	1	2,451451826
Tournai.	1	0,430637	1	2,3221414
Nanci.	1	0,4556809	1	2,19451769

Les exemples d'application sont de l'autre part.

Exemple d'application.

PRINCIPE.

Pour réduire les livres ancien poids en kilogrammes, il faut multiplier le nombre de livres et parties de livres par la valeur de la livre en kilogrammes.

Et pour réduire les kilogrammes en ancien poids, il suffit de multiplier le nombre de kilogrammes par la valeur du kilogramme en ancien poids.

Exemple premier.

Pour réduire 45 livres petit poids de Toulouse en kilogrammes, multipliez o kil. 408 mil^{es} de kil. valeur de la liv en kil., par ci . . . . . 45 livres.

Retranchez dans le produit   2040
les trois décimales, vous au-   1632

rez 18 kilo. 36 centièmes . .   18,360

Pour réduire 18 kilo. 36 c. en livres petit poids de Toulouse, multipliez la valeur du kilo. en livres petit poids, qui est, ci. · . . . . .2 liv. 4514
par le nombre de kil. et fractions de kil.   18,36

Retranchez autant de décimales qu'il   14708/4
y en a dans les deux facteurs qui est ici   75542
six, vous reviendrez à 45 liv. à 7 millliè-   196112
mes de livre près.   24514

45,007704

On opérera de la même manière pour la réduction

des poids de toutes les autres villes, ainsi que du poids de marc.

Il suffit d'employer 5 chiffres pour obtenir le résultat à un degré d'exactitude suffisant, surtout si l'on abandonne les fractions de livres comme c'est d'usage.

Si on le voulait à un degré d'exactitude plus rapproché, il faudrait employer tous les chiffres.

Nous avons remarqué que le commerce en détail éprouvait quelques difficultés, lors qu'ayant acheté au kilo. il voulait savoir le prix dans la proportion du poids local ou du poids de marc, ou lorsqu'ayant acheté au poids local ou au poids de marc il voulait connaître le prix dans la proportion du kilogramme.

Ces deux opérations sont les plus simples qu'on puisse faire.

PRINCIPE.

Pour réduire le prix du kilo. à celui de la livre, il faut le multiplier par la valeur de la livre en kil.

Exemple second.

On a acheté à 5 fr. 60 c. le kilo., on veut savoir à combien revient la livre de Toulouse, multipliez la valeur en kilo. de la livre de Toulouse, qui est,

ci 0,40792
par le prix du kilo 3,60

Retranchez dans le produit autant de   2447520
décimales qu'il y en a dans les deux fac-   122579

teurs, vous aurez 1 fr. 4685 dix millio-   1,4685120
mes de franc pour la valeur de la livre petit poids de Toulouse, ou 1 fr. 47 c.

PRINCIPE.

Pour réduire le prix de la livre à celui du kilo;,
il faut le multiplier par la valeur du kilo. en livres.
Cette opération faite sur les mêmes nombres, véri-
fie l'exactitude de la première, aux millièmes près,
parce que nous avons forcé les fractions décimales
de 1 millième.

Exemple troisième.

On a acheté à 1 fr. 47 c. la livre et on veut savoir
à combien revient le kilo., multipliez la valeur en
livres du kilo, qui est. 2,4514
par le prix de la livre 147

Retranchez autant de décimales qu'il y   171598
en a dans les deux facteurs, et vous re-   98056
viendrez à la valeur du kilo., à 3 millié-   24514

mes de franc près, ci 3,603358

Il est aisé de voir que la différence vient de ce
que nous avons forcé la fraction du prix de la livre,
et que l'exactitude serait rigoureuse si nous n'avions
rien négligé ni rien augmenté dans les fractions décimales.

Il suffit de n'employer que cinq chiffres pour obtenir les résultats à un degré d'exactitude suffisant,
ils seraient plus rigoureux si on en employait un
plus grand nombre.

CHAPITRI

Table de Multiplication pour servir à trouver la valeur d'une

Nombre de choses	A 2	A 3	A 4	A 5	A 6	A 7	A 8	A 9	A 10	A 11	A 12	A 13
1	2	3	4	5	6	7	8	9	10	11	12	23
2	4	6	8	10	12	14	16	18	20	22	24	26
3	6	9	12	15	18	21	24	27	30	33	36	39
4	8	12	16	20	24	28	32	36	40	44	48	52
5	10	15	20	25	30	35	40	45	50	55	60	65
6	12	18	24	30	36	42	48	54	60	66	72	78
7	14	21	28	35	42	49	56	63	70	77	84	91
8	16	24	32	40	48	56	64	72	80	88	96	104
9	18	27	36	45	54	63	72	81	90	99	108	117
10	20	30	40	50	60	70	80	90	100	110	120	130
20	40	60	80	100	120	140	160	180	200	220	240	260
30	60	90	120	150	180	210	240	270	300	330	360	390
40	80	120	160	200	240	280	320	360	400	440	480	520
50	100	150	200	250	300	350	400	450	500	550	600	650
60	120	180	240	300	360	420	480	540	600	660	720	780
70	140	210	280	350	420	490	560	630	700	770	840	910
80	160	240	320	400	480	560	640	720	800	880	960	1040
90	180	270	360	450	540	630	720	810	900	990	1080	1170
100	200	300	400	500	600	700	800	900	1000	1100	1200	1300
200	400	600	800	1000	1200	1400	1600	1800	2000	2200	2400	2600
300	600	900	1200	1500	1800	2100	2400	2700	3000	3300	3600	3900
400	800	1200	1600	2000	2400	2800	3200	3600	4000	4400	4800	5200
500	1000	1500	2000	2500	3000	3500	4000	4500	5000	5500	6000	6500
1/2	1	1,50	2	2,50	3	350	4	4,50	5	5;50	6	6,50
1/4	50	75	1	1,25	1,50	175	2	2,25	2,50	2,75	3	2,25

VII

...II.

de plusieurs choses, à un centime ou un franc chaque chose.

A 4	A 15	A 16	A 17	A 18	A 19	A 20	A 21	A 22	A 23	A 24	A 25
14	15	16	17	18	19	20	21	22	23	24	25
28	30	32	34	36	38	40	42	44	46	48	50
42	45	48	51	54	57	60	63	66	69	72	75
56	60	64	68	72	76	80	84	88	92	96	100
70	75	80	85	90	95	100	105	110	115	120	125
84	90	96	102	108	114	120	126	132	138	144	150
98	105	112	119	126	133	140	147	154	161	168	175
12	120	128	136	144	152	160	168	176	184	192	200
26	135	144	153	162	171	180	189	198	207	216	225
40	150	160	170	180	190	200	210	220	230	240	250
80	300	320	340	360	380	400	420	440	460	480	500
20	450	480	510	540	570	600	630	660	690	720	750
60	600	640	680	720	760	800	840	880	920	960	1000
00	750	800	850	900	950	1000	1050	1100	1150	1200	1250
40	900	960	1020	1080	1140	1200	1260	132c	1380	1440	1500
80	1050	1120	1190	1260	1330	1400	1470	1540	1610	1680	1750
20	1200	1280	1360	1440	1520	1600	1680	1760	1840	1920	2000
60	1350	1440	1530	1620	1710	1800	1890	1980	2070	2160	2250
00	1500	1600	1700	1800	1900	2000	2100	2200	2300	2400	2500
00	3000	3200	3400	3600	3800	4000	4200	4400	4600	4800	5000
00	4500	4800	5100	5400	5700	6000	6300	6600	6900	7200	7500
oc	6000	6400	6800	7200	7600	8000	8400	8800	9200	9600	10000
oc	7500	8000	8500	9000	9500	10000	10500	11000	11500	12000	12500
	7,50	8	8,50	9	9,50	10	10,50	11	11,50	12	12,50
50	3.75	4	4,25	4 50	4,75	5	5,25	5,50	5,75	6	6,25

APPLICATION DE LA TABLE DE MULTIPLICATION.

Exemple premier.

On a acheté 9 choses à 23 francs ou à 23 centimes chacune; suivez la 9.ᵉ ligne jusqu'à la colonne
23.ᵉ, vous trouverez pour le prix 207 fr. ou 2,07 c.,
ou 2 fr. 07 c.

Exemple second.

On a vendu 107 choses à 13 fr. ou 13 cent. chacune, pour 100 choses, suivez la ligne 100 jusqu'à
la colonne 13, vous trouverez. 1300
    Remontez la colonne 13.ᵉ jusqu'à la ligne 7
où vous trouverez pour le prix de 7 choses.   91
    Additionnez, et vous aurez pour le prix de
107 choses à 13 fr. . . . . 1391 fr.
ou 13 fr. 91 c., ci. 13 fr. 91 c.

Exemple troisième.

On a acheté 131 choses 1/2 à 27 fr. ou 27 cent.
chacune, quoique ces deux nombres paraissent ne
pas être dans la table, on trouvera également le
résultat par une simple addition en opérant de la
manière suivante :
Prenez dans la colonne à 25
Pour 100. . . . . 2500 fr.
Pour 30. 750
Pour   1. 25
                              3275

Repport. . . . . 3275 fr.

| Pour | 1/2 . . . . | 12 | 5o |

et dans la colonne A 2,

Pour 100 200

Pour 3o. 6o

Pour 1 . . - 2

Pour 1/2 1

Additionnez et vous aurez, ci . . . 355o fr. 5o c.

Si le prix est à 27 fr. ou 35 fr. 51 cent. si le prix est à 27 centimes.

CHAPITRE IX.

Principes généraux pour obtenir les parties d'un capital, revenu, rente, pension, traitement et remises, ainsi que les intérêts et l'escompte en dehors dans la proportion du temps, à quelque taux que ce soit.

I.er PRINCIPE.

Pour obtenir la partie d'un capital ou celle d'un revenu quelconque, dans la proportion du temps, il faut en prendre la 6.e partie ; reculée d'un chiffre à droite et la multiplier par le facteur correspondant au nombre de jours pour lesquels on veut l'obtenir, le produit de cette multiplication sera le capital dans la proportion de ce nombre de jours.

Premier Exemple

Soit 6000 fr. de capital ou de revenu dont on veut obtenir la partie proportionnelle à 246 jours ou l'intérêt de cette somme de 6000 fr. aussi pour 246 jours à quelque taux que ce soit.

On prend le sixième de 6000 fr. reculé d'un chiffre à droite, qui est, ci. . . . . 100 fr.

On le muitiplie par, ci. 41

facteur correspondant à 246 jours 18.e co- 4100
lonne, ligne 6.e du tableau, et l'on a pour la partie du capital, rente ou pension, etc. dans la proportion de 246 jours, 4100 fr.

IIe PRINCIPE.

Ayant obtenu ce premier résultat, on obtiendra l'intérêt ou l'escompte en dehors de cette même somme de 6000 fr., à quelque taux que ce soit, pour 246 jours, en multipliant cette partie du capital, ci. . . . . 4100 fr.

par le taux de l'intérêt quel qu'il soit.

Exemple second.

A 6 p. % par an, on multiplie   4100 fr.
par, ci. 6

On retranche les deux der- 24,600
niers chiffres à droite du produit, et l'on a pour l'intérêt de 6000 fr. pour 246 jours, ci. 246 fr. 00 c.

deux chiffres à droite, et en multipliant ce cinquième par le 12.ᵉ du nombre de jours pour lesquels on voudra l'obtenir.

Exemple quatrième.

Soit 9000 fr. dont on veut obtenir l'intérêt à 6 p. % pour 458 jours, prenez le cinquième de 9000 fr., reculé de deux chiffres à droite, qui est,   18

Multipliez par le 12.ᵉ de 458 jours,

qui est, ci. 38 1/6

         144
         543

vous aurez 687 fr., ci . . . .   687 fr.

Ces principes sont généraux et s'appliquent à toute sorte de quantités.

CHAPITRE X.

Du calcul des inscriptions de rente, 3 p. % et 5 p. % consolidés, sans faire de règle de proportion.

3 p. % PRINCIPE.

(La rente qu'on veut acheter ou vendre et son cours, sont toujours connus).

Pour trouver le capital nécessaire à l'achat d'une rente, 5 p. % consolidés, il faut multiplier le tiers du cours par la totalité de la rente ou le tiers de la rente par le cours, l'une ou l'autre de ces deux multiplications donneront le capital pour produit.

Exemple premier.

On veut acheter ou vendre une rente de 960 fr. au cours de 65 fr. 65 c. et on veut connaître le capital, ci. 65,65

Multipliez le 1/3 de la rente par le cours, ci.   320

Retranchez les deux derniers chiffres,   131300
et vous aurez 21008 francs pour le capit- 19695

tal, ci 21008,00

Pour revenir du capital à la rente, il faut le diviser par le tiers du cours, le quotient sera la rente.

Exemple second.

On veut savoir la rente qu'on pourra acheter avec 21008 fr. de capital, les 3 p. % consolidés étant à 65 fr. 65 cent.

Il faut diviser le capital, ci. 21008,00 (2188,33
                                           13130,30 (960,001

Par le tiers de 65 f. 65 c.,   520000.
qui est, ci. . . . . 2188,33.

5 p. % *consolidés.*

Le cours et la rente qu'on veut acheter ou vendre étant toujours connus.

Pour trouver le capital nécessaire à l'achat d'une rente 5 p. % quel que soit le cours, ou pour savoir le capital qu'on en retirera si on la vend.

PRINCIPE.

Il suffit de multiplier le cours par le double de
la rente ou la rente par le double du cours.

Exemple.

On veut acheter ou vendre une rente de 960 fr.,
le cours des 5 p. %, consolidés étant à 98 fr. o5 c.,
doublez la rente, ci   1920
multipliez par le cours, ci.   9805

                                       9600

Retranchez trois chiffres à droite du   15360
produit et vous aurez 18825 fr. 60 cent.   17280

pour le capital , ci.   18825,600

Ou doublez le cours , ci. . . . . ,   19610
multipliez par la rente, ci.   960

                                   1176600
                                   176490

vous aurez le même résultat , ci. 18825,600

Pour revenir du capital à la rente , il faut le diviser par le 5.ᵉ du cours ; le quotient de cette divison
sera la rente.

Exemple.

On veut savoir la rente qu'on pourra acheter avec
18825 fr. 60 cent. de capital, les 5 p. %, consolidés
étant à. 98,05

Divisez le capital , ci. . . . 18825,60 ⎰ 1961
par le 5.ᵉ de 9805 qui est 1961.   117660 ⎱ 960
                                     rente.

CHAPITRE

CHAPITRE XI.

Du calcul et du rapport direct du change de Paris avec les autres places de l'Europe, et des autres places avec Paris, par une simple multiplication.

TABLEAU GÉNÉRAL DU CHANGE DE PARIS

AVEC LES AUTRES PLACES.			DES AUTRES places AVEC PARIS.
DÉSIGNATION des PLACES.	RAPPORT direct DU CHANGE.	FACTEURS qui réduisent les valeurs de Paris en valeurs étrangères	FACTEURS qui réduisent les valeurs étrangères en valeurs de Paris.
Amsterdam . . .	56 d. 5/8 , p. 3 f. de Fran	471875	2119205.
Auguste.	1 florin p. 2 f. 59 c.	3861	259.
Berlin et Breslaw.	1 rixdale p. 3 f. 80 c .	26315789	380.
Gênes.	1 piastre p. 4 f. 80 c .	1197917	8347826.
Hambourg. . . .	100 marcs p. 191 f. . . .	5235602	191.
Lisbonne et Porto.	510 rées p. 3 f.	170	5885353.
Livourne	1 piastre p. 5 f. 26 c . .	19011406 . . .	526.
Londres	1 liv. sterlin. p. 23 f. 60 c.	42372923 . . .	2360.
Genève	10 l. coura. p. 159 f. . .	6289308 . . .	159.
Cadix et Madrid. .	1 pistole p. 15 f. 80 c. .	63491139 . . .	1580.
Naples.	1 ducat p. 4 f. 41 c . . .	22621434 . . .	441.
St. Pétersbourg. .	1 rouble p. 1 f. 20 c. . .	1/6 à retrancher	1/5 à ajouter.
Vienne	1 florin p. 2 f. 61 c . . .	383447 . . .	261.
Milan.	100 l. courant p. 87 f. . .	1919[illegible]85 .	[illegible]8

Les exemples d'application sont [illegible] plus.

Exemple premier.

On veut réduire 6000 fr. de France en florins ;
sous et penins d'Amsterdam, au change de 56 deniers 3/8 de deniers de gros d'Amsterdam pour 3 fr.
de France.

Multipliez le facteur, ci. . . . . . . :   471875
correspondant à Amsterdam par 6000 fr.
de France, ci   6000

Retranchez les 6 décimales dont se   2831,250000
compose le facteur, et vous aurez 2831 florins 25
centièmes de florin ou 5 sous d'Amsterdam.

Exemple second..

On veut réduire 2831 florins, 5 sous d'Amsterdam ;
en francs et centimes de France, au même change
56 deniers 3/8 d'Amsterdam, pour 3 fr. de France.

Multipliez le facteur , ci.   2119205
correspondant à Amsterdam par 2831   2831 1/4

florins 5 sous, ou 25 cent.es ou 1/4, ci.   2119205
Retranchez les 7 décimales dont   6357615
se compose le facteur, et vous au-   16953640
rez 5999,999 millièmes de fr., ou   4238410
6000 fr. en augmentant le second   5298015

chiffre décimal d'une unité, parce   5999,9991565
que le 5.e dépasse 5.

On opérera de la même manière pour obtenir la
réduction des valeurs de toutes les autres places sur

Paris, et de celles de Paris sur toutes les autres places ; en se servant des facteurs correspondans.

Nous ne donnons pas ici les différentes formalités à remplir pour retirer les valeurs, parce que les personnes qui en sont chargées sur chaque place, doivent être suffisamment instruites sur cette partie.